U0111377

大展好書　好書大展
品嘗好書　冠群可期

武術特輯
52

三十二式太極劍
+VCD

北京人民體育出版社　編著

楊　靜　演示

大展出版社有限公司

目　錄

一、概　述 ……………………………………… 5

二、基本動作 …………………………………… 7

三、套路動作名稱 ……………………………… 10

四、套路動作圖解 ……………………………… 12

　　準備動作 ……………………………………… 12
　　第一組 ………………………………………… 18
　　第二組 ………………………………………… 31
　　第三組 ………………………………………… 46
　　第四組 ………………………………………… 58

五、動作路線示意圖 …………………………… 74

六、練習方向和進退路線詳圖 ……………… 76

一、概 述

　　太極劍是屬於太極拳系統的一種劍術套路，它具有太極拳的運動特點及健身價值。本書介紹的這趟劍是根據傳統的太極劍套路改編的，全部動作除起勢和收勢之外，共選定了三十二個主要姿勢動作。

　　整個套路分為四組，每組八個動作，從起勢到收勢往返共兩個來回，練習時間大體需要 2～3 分鐘。動作中包括抽、帶、撩、刺、擊、掛、點、劈、截、托、掃、攔、抹等主要劍法和各種身法、步法。可以單人獨練，也可以集體練習。由這些主要姿勢動作的練習，既可以更好地增強體質，又能增加練習者的鍛鍊興趣，並為練習其他劍術套路打下基礎。

圖甲

二、基本動作

（一）左手持劍法（圖甲）

　　左手自然舒展開，虎口部位對準劍的護手處，然後拇指由護手上方向下，中指、無名指和小指由護手下面向上，兩者相對握住護手（由於護手的形式不同，拇指也可以從下向上握），食指伸直貼附於劍把之上，劍身平貼於左前臂後側。

　　【要點】：手要緊握劍，不得使劍刃觸及身體。

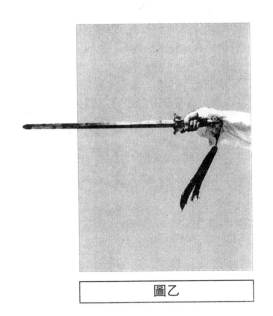

圖乙

（二）右手持劍法（圖乙）

右手自然舒展開，虎口對向劍的上刃（劍面豎直成
立劍時，在上的一側劍刃稱為上刃），然後拇指和食指
靠近護手將劍把握緊，其他三指可鬆握，以拇指的根節
和小指外沿的掌根部位控制劍的活動。另一種持劍法
是，以中指、無名指和拇指握住劍把，食指和小指鬆
握。當遇到某些需要增加劍鋒彈力和靈活性的動作時，
食指則貼附於護手上，以控制劍活動的準確性。後一種
持劍法也稱活把劍。

【要點】：握劍的鬆緊程度，以能將劍刺平、劈平
為宜。

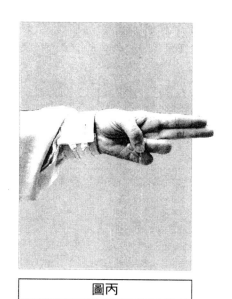

圖丙

（三）劍指（圖丙）

在練劍的時候，不持劍的手一般都保持成劍指姿勢，即把食指和中指盡量伸直，無名指和小指屈握，然後用拇指壓在無名指和小指指甲上。

三、套路動作名稱

準備動作
預備勢
起勢
第一組
（一）併步點劍
（二）獨立反刺
（三）仆步橫掃
（四）向右平帶
（五）向左平帶
（六）獨立掄劈
（七）退步回抽
（八）獨立上刺
第二組
（九）虛步下截
（一〇）左弓步刺
（一一）轉身斜帶
（一二）縮身斜帶
（一三）提膝捧劍

（一四）跳步平刺

（一五）左虛步撩

（一六）右弓步撩

第三組

（一七）轉身回抽

（一八）併步平刺

（一九）左弓步攔

（二〇）右弓步攔

（二一）左弓步攔

（二二）進步反刺

（二三）反身回劈

（二四）虛步點劍

第四組

（二五）獨立平托

（二六）弓步掛劈

（二七）虛步掄劈

（二八）撤步反擊

（二九）進步平刺

（三〇）丁步回抽

（三一）旋轉平抹

（三二）弓步直刺

收　勢

図 1

四、套路動作圖解

準備動作

（一）預備勢

身體正直，兩腳開立，與肩同寬，腳尖向前；兩臂自然垂於身體兩側，左手持劍，劍尖向上，劍身豎直；眼平視前方（圖 1）。

【要點】：上體要自然，不要故意挺胸、收腹。劍身在左臂後不要觸及身體。兩肩自然鬆沉。

圖 2

（二）起勢

　①右手握成劍指，兩臂慢慢向前平舉，高與肩平，手心向下；眼看前方（圖2）。

　【要點】：兩臂上起時，不要用力，兩手寬度不超過兩肩。劍身在左臂下要平，劍尖不可下垂。

圖 3

②上體略向右轉，身體重心移於右腿，屈膝下蹲，
然後再向左轉體，左腿提起向左側前方邁出，成左弓
步；左手持劍，隨即經體前向左下方摟至左胯旁，劍立
於左臂後，劍尖向上；同時右手劍指下落轉成掌心向
上，由右後方屈肘上舉經耳旁隨轉動方向向前指出，高
與眼平；眼先向右看，然後向前看右劍指（圖 3、
4）。

圖4

【要點】：左臂向體前畫弧時，身體要先微向右轉，身體重心在右腿放穩之後再提左腿。轉體、邁步和兩臂動作要協調柔和。

圖 5

③左臂屈肘上提，左手持劍（手心向下）經胸前從右手上穿出，右劍指翻轉（手心向上），並慢慢下落撤至右後方（手心仍向上），兩臂前後展平，身體右轉；與此同時，右腿提起向前橫落，腳尖外撇，兩腿交叉，膝部彎曲，左腳跟離地，身體稍向下坐，成半坐盤勢；眼向後看右手（圖 5）。

【要點】：左右手必須在體前交錯分開，右手後撤與身體右轉動作要協調。

圖6

④右腳和左手持劍的位置不動，左腳前進一步，成左弓步；同時身體向左扭轉，右手劍指隨之經頭部右上方向前落於劍把之上，準備接劍；眼平看前方（圖6）。

【要點】：動作時應先提腿和向左轉頭，然後再舉右臂向前下落。兩臂不要硬直，兩肩要鬆。上體保持自然。

圖7

第一組

（一）併步點劍

左手食指向中指一側靠攏，右手鬆開劍指，虎口對著護手，將劍接換過，並使劍在身體左側畫一立圓，然後劍尖向前下點，劍尖略向下垂，右臂要平直；左手變成劍指，附於右手腕部；同時右腳前進向左腳靠攏併齊，腳尖向前，身體略向下蹲；眼看劍尖（圖7）。

【要點】：劍身向前繞環時，兩臂不可高舉。右手握劍畫圓只用手腕繞環。點劍時，力注劍尖。肩要下沉，上體正直。

圖 8

（二）獨立反刺

　　①右腳向右後方撤一步，隨即身體右後轉，然後左腳收至右腳內側，腳尖點地；同時，右手持劍經體前下方撤至右後方，右腕翻轉，劍尖上挑；左手劍指隨劍回撤，停於右肩旁；眼看劍尖（圖8、9）。

圖 9

圖 10

②上體左轉，左膝提起，成獨立勢，腳尖下垂；同時右手漸漸上舉，使劍經頭部前上方向前刺出（拇指向下，做反手立劍），劍尖略低，力注劍尖；左手劍指則經下頦處隨轉體向前指出，高與眼平；眼看劍指（圖10）。

【要點】：分解動作中間不要間斷。獨立勢要穩定，身體不可前俯後仰。

圖 11

（三）仆步橫掃

　　①上體右後轉，劍隨轉體向右後方劈下，右臂與劍
平直，左劍指落於右手腕部；在轉體的同時，右膝前
弓，左腿向左橫落撤步，膝部伸直；眼看劍尖（圖
11）。

圖 12

②身體向左轉，左手劍指經體前順左肋反插，向後、向左上方畫弧舉起至左額前上方，手心斜向上；右手持劍翻掌，手心向上，使劍由下向左上方平掃，力在劍刃中部，劍高與胸平；在轉體的同時，右膝彎曲成半仆步；此勢不停，接著身體重心逐漸前移，左腳尖外撇，左腿屈膝，右腳尖裡扣，右腿自然伸直，變成左弓步；眼看劍尖（圖 12）。

【要點】：以上兩個分解動作，要連貫進行。弓步時，身體保持正直。

圖 13

（四）向右平帶

　　右腿提起經左腿內側向右前方跨出一步，成右弓步；同時，右手劍向前引伸，然後翻轉手心向下，將劍向右斜方慢慢回帶，屈肘握劍手帶至右肋前方，力在右劍刃，劍尖略高於手；左手劍指下落附於右手腕部；眼看劍尖（圖 13）。

　　【要點】：劍的回帶和弓步屈膝動作要一致。

圖 14

（五）向左平帶

　　右手劍向前引伸，並慢慢翻掌將劍向左斜方回帶，屈肘握劍手帶至左肋前方，力在左劍刃，左手劍指經體前左肋向左上方畫弧舉起至左額上方，手心斜向上；與此同時，左腳經右腿內側向左前方邁出一步，成左弓步；眼看劍尖（圖 14）。

　　【要點】：與「向右平帶」的要點相同。

圖 15

（六）獨立掄劈

　　右腳前進到左腳內側，腳尖著地；左手從頭部左上方落至右腕部；然後身體左轉，右手抽劍由前向下、向後畫弧，經身體左下方旋臂翻腕上舉，向前下方正手立

圖 16

劍劈下，力在劍下刃；左手劍指則由身體左側向下、向後轉至左額上方，掌心斜向上；在掄劈劍的同時，右腳前進一步，左腿屈膝提起，成獨立步；眼看劍尖（圖15～17）。

圖 17

【要點】：劈劍時，身體和頭部先向左轉，然後隨
劍的掄劈方向再轉向前方。提膝和劈劍要協調一致。整
個動作過程要連貫不停。

圖 18

（七）退步回抽

左腳向後落下，屈膝，右腳隨之撤回半步，腳尖點地，成右虛步；同時，右手劍抽回，劍把靠近左肋旁邊，手心向裡，劍面與身體平行，劍尖斜向上；左手劍指下落附於劍把上；眼看劍尖（圖 18）。

【要點】：右腳回撤與劍的回抽動作要一致。上體要正直。

圖19

（八）獨立上刺

身體微向右轉，面向前方，右腳前進半步，左腿屈膝提起，成獨立步；同時，右手劍向前上方刺出（手心向上），力注劍尖，劍尖高與眼平；左手仍附在右手腕部；眼看劍尖（圖19）。

【要點】：身體微向前傾，但不要故意挺胸。獨立勢要平衡穩定。

圖1

第二組

（九）虛步下截

左腳向左後方落步，右腳隨即微向後撤，腳尖點地，成右虛步；同時，右手劍先隨身體左轉再隨身體右轉經體前向右、向下按（截），力注劍刃，劍尖略下垂，高與膝平；左劍指由左後方繞行至左額上方（掌心斜向上）；眼平視右前方（圖20）。

【要點】：右腳變虛步與劍向下截要協調一致。如面向南起勢，此式虛步方向為正東偏北（約30°）上體右轉，面向東南。

圖 21

（一〇）左弓步刺

　　右腳向右後方回撤一步，左腳收至右腿內側後再向左前方邁出，成左弓步，面向左前方；同時，右手劍隨身體轉動經面前向後、向下抽卷，再向左前方刺出，手心向上，力注劍尖；左手劍指向右、向下落，經體前再向左、向上繞行至左額上方，手心斜向上，臂要撐圓；眼看劍尖（圖21、22）。

圖22

【要點】：右手回撤時，前臂先外旋再內旋（手心
先轉向外，再向下，再轉向上），從右腰部將劍刺出。
左劍指繞行時要先落在右手腕部再分開轉向頭上方。弓
步方向為東偏北（約30°）。

圖 23

（一一）轉身斜帶

①身體重心後移，左腳尖裡扣，上體右轉，隨後身體重心又移至左腳上，右腿提起，貼在左腿內側，同時，右手劍收回橫置胸前，掌心仍向上；左劍指落在右手腕部；眼看左方（圖23）。

圖24

②上勢不停，向右後方轉體，右腳向右側方邁出，成右弓步；同時右手劍隨轉體翻腕，掌心向下並向身體右側外帶（劍尖略高），力在劍刃外側；左劍指仍附於右手腕部；眼看劍尖（圖24）。

【要點】：身體重心移動、向右側方邁出成右弓步，須與向右後轉的動作一致，力求平穩、協調。轉身斜帶弓步方向應轉為正西偏北（約30°）。

圖 25

（一二）縮身斜帶

左腿提起後再向原位置落下，身體重心移於左腿，右腳撤到左腳內側，腳尖點地；同時，右手翻掌手心向上並使劍向左側回帶（劍尖略高），力在劍刃外側；左手劍指隨即由體前向下反插，再向後、向上繞行畫弧重落於右手腕部；眼看劍尖（圖 25）。

【要點】：劍回帶時，身體也隨著向左扭轉。身體後坐時，臀部不要凸出。

圖 26

（一三）提膝捧劍

①右腳後退一步，左腳也微向後撤，腳尖著地；同時兩手平行分開，手心都向下，劍身斜置於身體右側，劍尖位於體前，左劍指置於身體左側（圖26）。

圖 27

　　②左腳略向前進步，右膝向前提起成獨立式；同時右手劍把與左手（劍指變掌）在胸前相合，左手捧托在右手背下，兩臂微屈，劍在胸前，劍身直向前方，劍尖略高；眼看前方（圖27）。

　　【要點】：以上兩個分解動作要連貫不停。獨立步左腿自然蹬直，右腿提膝，腳尖下垂。上體保持自然。

圖28

（一四）跳步平刺

①右腳向前落下，身體重心前移，然後右腳尖用力蹬地，左腳隨即前進一步踏實，右腳在左腳將落未落地時，迅速向左腿內側收攏（腳不落地）；同時，兩手捧劍先微向回收，緊接著隨右腳落地再直向前伸刺，然後隨左腳落地，兩手分開撤回身體兩側，兩手手心都向下，左手再變劍指；眼看前方（圖28、29）。

圖29

圖 30

②右腳再向前上一步，成右弓步；同時，右手劍向前平刺（手心向上），力注劍尖；左手劍指由左後方上舉，繞至左額上方，手心斜向上；眼看劍尖（圖30）。

【要點】：兩手先略向回收，再於右腳落地的同時向前伸刺。左腳落地要與兩手回撤動作一致。刺出後，劍要平穩。

圖33

（一五）左虛步撩

身體重心後移至左腿上，上體左轉，右腳回收再向前墊步，腳尖外撇，再向右轉體，身體重心前移至右腿，左腳隨即前進一步，腳尖著地，成左虛步；同時，右手劍隨身體轉動經左上方向後、向下、立劍向前撩出（前臂內旋，手心向外），力在劍刃前部，劍把停於頭前，劍尖略低；左手劍指在上體左轉時即下落附於右腕部，隨右手繞轉；眼看前方（圖31、32）。

圖 32

【要點】：撩劍的路線必須畫一個整圓。左手劍指須下落到左肋側再與右手相合。

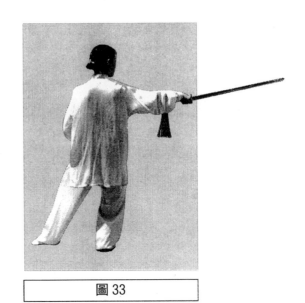

圖 33

（一六）右弓步撩

身體先向右轉，右手劍由上向後繞環，掌心向外，
左劍指隨劍繞行附於右臂內側；隨之左腳向前墊步，右
腳繼而前進一步，成右弓步；右手劍隨著上右步由下向
前立劍撩出（前臂外旋，手心向外），劍與肩平，劍尖
略低，力在劍刃前部；左劍指則由下向上繞行至左額上
方，手心斜向上；眼看前方（圖33、34）。

圖 34

【要點】：劍向後繞環時，身體和眼神隨著向後轉。整個動作要連貫。

圖35

第三組

（一七）轉身回抽

　　①身體左轉，重心後移，右腳尖裡扣，左腳尖稍外展，右腿蹬直，成側弓步；同時，右手將劍柄收引到胸前，劍身平直，劍尖向右後，左手劍指仍附於右腕上；然後身體再向左轉，隨轉體右手劍向左前方劈下，力在劍刃（劍身要平），左手劍指附於右腕部；眼看劍尖（圖35、36）。

圖 36

圖37

②身體重心後移至右腿，右膝稍屈，左腳回撤，腳尖點地，成左虛步；同時，右手劍抽回至身體右側（劍尖略低）；左劍指收回再經胸前、下頦前向前指出，高與眼齊；眼看劍指（圖37）。

【要點】：第一動，向左轉體時，要先扣右腳，再展左腳；右臂先屈回胸前再向左劈。第二動，左手劍指必須隨右手收到腹前，再向上、向前指出。全部動作要協調。如果面向南起勢，此勢方向則為東偏南（約30°）。

圖 38

（一八）併步平刺

左腳略向左移，右腳靠攏左腳成併步，面向前方，身體直立；同時左劍指向左轉並向右下方畫弧，反轉變掌捧托在右手下，然後雙手捧劍向前平刺，手心向上，力注劍尖，高與胸平；眼看前方（圖38）。

【要點】：劍刺出後兩臂要微屈，併步和刺劍要一致。身體直立要自然，不要故意挺胸。如果面向南起勢，刺劍的方向為正東。

圖 39

（一九）左弓步攔

　　右手劍翻腕後抽，隨身體右轉由前向右轉動，再隨
身體左轉經右後方向下、向左前方托起攔出，力在劍
刃，劍身與頭平，前臂外旋，手心斜向裡；左劍指則向
右、向下、向上繞行，停於左額上方，手心斜向上；在
身體左轉時左腳向左前方進一步，左腿屈膝，成左弓
步；眼先隨劍向右後看，最後平看前方（圖39、40）。

圖40

【要點】：身體應隨劍先向右轉再向左轉。右腿先
微屈，然後邁左腳。左手劍指隨右手繞行，到右上方之
後再分開。

圖 41

（二○）右弓步攔

身體重心微向後移，左腳尖外撇，身體先向左轉再
向右轉；在轉體的同時，右腳經左腳內側向右前方進一
步，成右弓步；右手劍由左後方畫一整圓向右前托起攔
出（前臂內旋，手心向外），力在劍刃，劍身與頭平；
左劍指附於右手腕部；眼看前方（圖41）。

【要點】：以上兩動要連貫，劍須走一大圈，視線
隨劍移動。

圖 42

（二一）左弓步攔

身體重心微向後移，左腳尖外撇，其餘動作及要點與前「右弓步攔」相同，只是方向相反。右手劍攔出時，右臂外旋，手心斜向內（圖42）。

圖 43

（二二）進步反刺

①身體向右轉，右腳向前橫落蓋步，腳尖外撇，左
腳跟離地成半坐盤勢；同時，右手劍劍尖下落，左劍指
下落到右腕部，然後劍向後方立劍刺出，左劍指向前方
指出，手心向下，兩臂伸平，右手手心向體前；眼看劍
尖（圖43）。

圖 44

②身體左轉，左腳前進一步，成左弓步；同時，右前臂向上彎曲，劍尖向上挑掛，繼而向前刺出（前臂內旋，手心向外，成反立劍），力注劍尖，劍尖略低；左手劍指附於右腕部；眼看劍尖（圖44）。

【要點】：以上兩動要連貫，弓步刺劍時身體不可太前俯。

圖 45

（二三）反身回劈

身體重心先移至右腿，左腳尖裡扣，然後再移到左腿上；右腳提起收回（不停），身體右後轉，右腳隨即向前邁出成右弓步，面向中線右前方；同時，右手劍隨轉體由上向右後方劈下，力在劍刃；左手劍指由體前經左下方轉在左額上方，手心斜向上；眼看劍尖（圖45）。

【要點】：劈劍、轉體和邁右腳成弓步要協調一致。弓步和劈劍方向為正西偏北（約30°）。

圖46

（二四）虛步點劍

左腳提起，上體左轉，左腳向起勢方向墊步，腳尖外撇，隨即右腳提起落在左腳前，腳尖點地，成右虛步；同時，右手劍隨轉體畫弧上舉向前下方點出，右臂平直，劍尖下垂，力注劍尖；左劍指下落經身體左側向上繞行，在體前與右手相合，附於右腕部；眼看劍尖（圖46）。

【要點】：點劍時，腕部用力，使力量達於劍尖。點劍與右腳落地要協調一致。身體保持正直。虛步和點劍方向與起勢方向相同。

圖 47

第四組

（二五）獨立平托

　　右腳向左腿的左後方插步，兩腳以腳掌為軸向右轉體（仍成面向前方），隨即左膝提起成右獨立步；在轉體的同時，劍由體前先向左、向下繞環，然後隨向右轉體動作向右上方托起，劍身略平，稍高於頭，力在劍刃上側；左劍指仍附於右腕部；眼看前方（圖47）。

　　【要點】：撤右腿時，右腳掌先落地，然後再以腳掌為軸向右轉體。身體不要前俯後仰。提膝和向上托劍動作要一致。右腿自然伸直。

圖48

（二六）弓步掛劈

①左腳向前橫落，身體左轉，兩腿交叉成半坐盤式，右腳跟離地；同時右手劍向身體左後方穿掛，劍尖向後，左劍指仍附右腕上；眼向後看劍尖（圖48）。

圖49

　　②右手劍由左側翻腕向上再向前劈下，劍身要平，力在劍刃；左劍指則經左後方上繞至左額上方，手心斜向上；同時，右腳前進一步，成右弓步；眼向前看劍尖（圖49）。

　　【要點】：身體要先向左轉再向右轉。視線隨劍移動。

圖 50

（二七）虛步掄劈

①重心略後移，身體右轉，右腳尖外撇，左腳跟離地成交叉步；同時，右手劍由右側下方向後反手撩平，左劍指落於右肩前；眼向後看劍尖（圖50）。

圖51

②左腳向前墊一步，腳尖外撇，身體左轉，隨即右腳前進一步，腳尖著地，成右虛步；與此同時，右手劍由右後翻臂上舉再向前劈下，劍尖與膝同高，力在劍刃；左劍指自右肩前下落經體前向左上畫圓再落於右前臂內側；眼看前下方（圖51）。

【要點】：以上兩個分解動作要連貫，中間不要停頓。

圖 52

（二八）撤步反擊

上體右轉，右腳提起向右後方撤一大步，左腳跟外轉，左腿蹬直，成右側弓步；同時，右手劍向右後上方斜削擊出，力在劍刃前端，手心斜向上，劍尖斜向上，高與頭平；左劍指向左下方分開平展，劍指略低於肩，手心向下；眼看劍尖（圖52）。

【要點】：右腳先向後撤，再蹬左腳。兩手分開要與弓腿、轉體動作一致。撤步和擊劍方向為東北。

圖 53

（二九）進步平刺

①身體微向右後轉，左腳提起貼靠於右腿內側；同時右手翻掌向下，劍身收回於右肩前，劍尖斜向左前；左劍指向上繞行落在右肩前；眼向前看（圖 53）。

圖54

②身體向左後轉，左腳墊步，腳尖外撇，繼而右腳前進一步，成右弓步；同時，右手劍隨轉體動作向前方刺出，力貫劍尖，手心向上；左劍指經體前順左肋反插，向後再向左上繞至左額上方，手心斜向上；眼看劍尖（圖54）。

【要點】：左腿提起時，要靠近右腿後再轉身落步，待左腿穩定後再進右步，上下須協調一致。

圖 55

（三○）丁步回抽

身體重心後移，右腳撤至左腳內側，腳尖點地，成右丁步；同時，右手劍屈肘回抽（手心向裡），劍把置於左肋部，劍身斜立，劍尖斜向上，劍面與身體平行，左劍指落於劍把之上；眼看劍尖（圖55）。

【要點】：右腳回收和劍回抽要一致。上體須正直。

圖 56

（三一）旋轉平抹

①右腳提起向前落步外擺（兩腳成八字形）；同時上體稍右轉，右手翻掌向下，劍身橫置胸前（圖 56）。

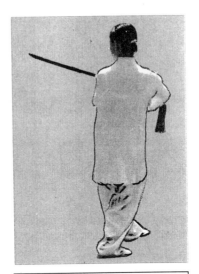

圖 57

②身體重心移於右腿，上體繼續右轉，左腳隨即向右腳前扣步，兩腳尖斜相對（成內八字形），然後以左腳掌為軸向右後轉身，右腳隨轉體向中線側方後撤一步，左腳隨之稍後收，腳尖點地，成左虛步；同時，右手劍隨轉體由左向右平抹，力在劍刃外側，然後在變左虛步的同時，兩手向左右分開，置於兩胯旁，手心都向下，劍身斜置於身體右側，劍尖位於體前；身體恢復起勢方向，眼平看前方（圖 57、58）。

圖 58

【要點】：移步轉身要平穩自然，不要低頭彎腰，速度要均勻。由「丁步回抽」到「旋轉平抹」完成，轉體約 360°，身體仍回歸起勢方向。

圖 59

（三二）弓步直刺

　　左腳向前進半步，成左弓步；同時，右手劍立劍直向前刺出，高與胸平，力注劍尖；左劍指附在右手腕部；眼看前方（圖59）。

　　【要點】：弓步、刺劍要動作一致。

圖60

收　勢

　　①身體重心後移，隨即身體向右轉；同時，右手劍向右後方回抽，手心仍向內；左手也隨即屈肘回收（兩手心內外相對），接握劍的護手；眼看劍身（圖60）。

圖 61

②身體左轉，身體重心再移到左腿，右腳向前跟進半步，與左腳成開立步（與肩同寬，腳尖向前）；同時，左手接劍（反握），經體前下落垂於身體左側；右手變成劍指向下、向右後方畫弧上舉，再向前、向下落於身體右側；全身放鬆；眼平看前方（圖61）。

五、動作路線示意圖

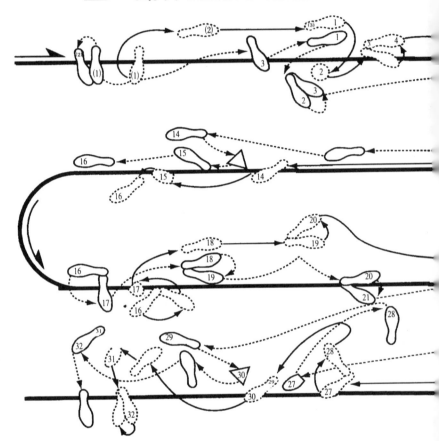

　　　　虛線腳為左腳，實線腳為右腳；腳印中不帶括號的
號碼表示動作的順序；腳印中帶括號的號碼表示預備動
作；空白腳印表示過渡動作和「收勢」。

　　　　表示前腳掌著地。

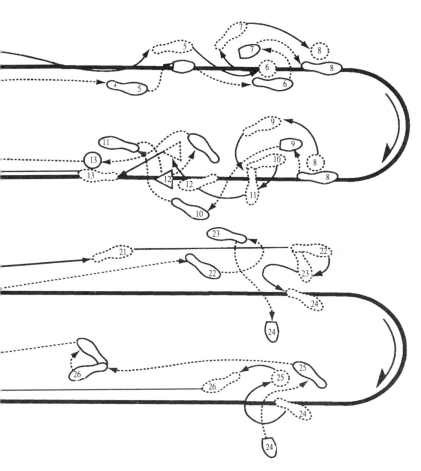

 ○ 表示左右腿提膝懸空動作。

三角形中有號碼的表示定式動作，無號碼的表示過
渡動作。

右腳路線

左腳路線

六、練習方向和進退路線詳圖

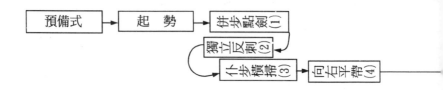

預備式 → 起 勢 → 弓步點劍(1) → 獨立反刺(2) → 仆步橫掃(3) → 向右平帶(4) →

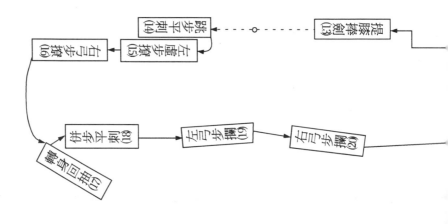

提膝捧劍(13) → 跳步平刺(14) → 左虛步撩(15) → 右弓步撩(16) → 轉身回抽(17) → 向右平刺去步(18) → 左弓步攔(19) → 右弓步攔(20) →

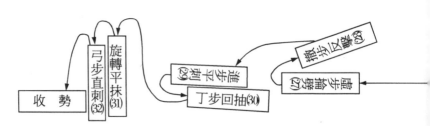

轉身斜帶(26) → 虛步捕劍(27) → 進步反刺(28) → 進步平刺(29) → 丁步回抽(30) → 旋轉平抹(31) → 弓步直刺(32) → 收 勢

1. 圖上文字的正反表示：字的上端為練習者背向方向，下端表示面向方向。

2. 圖上長方格略有錯開的，如圖 ㅁㅁ 是表示在原地點活動，略有進退。「…○…↓」表示跳步動作。

3. 單人練習時，一般在寬四公尺、長六公尺的場地上即可進行。

退步回抽(7)
獨立掄劈(6)
向左劈去(5)
刺立十字(8)
轉身平刺(9)
弓步下刺(10)
轉身撩劈(11)
縮身斜帶(12)

左弓步攔(21)
進步反刺(22)
反身回劈(23)
虛步點劍(24)
獨立平托(25)
弓步掛劈(26)

大展出版社有限公司
品冠文化出版社
圖書目錄

地址：台北市北投區（石牌）　電話：(02)28236031
　　　致遠一路二段 12 巷 1 號　　　　　28236033
郵撥：01669551＜大展＞　　　　　　　28233123
　　　19346241＜品冠＞　　　傳真：(02)28272069

・少 年 偵 探・品冠編號 66

1.	怪盜二十面相	（精）	江戶川亂步著	特價 189 元
2.	少年偵探團	（精）	江戶川亂步著	特價 189 元
3.	妖怪博士	（精）	江戶川亂步著	特價 189 元
4.	大金塊	（精）	江戶川亂步著	特價 230 元
5.	青銅魔人	（精）	江戶川亂步著	特價 230 元
6.	地底魔術王	（精）	江戶川亂步著	特價 230 元
7.	透明怪人	（精）	江戶川亂步著	特價 230 元
8.	怪人四十面相	（精）	江戶川亂步著	特價 230 元
9.	宇宙怪人	（精）	江戶川亂步著	特價 230 元
10.	恐怖的鐵塔王國	（精）	江戶川亂步著	特價 230 元
11.	灰色巨人	（精）	江戶川亂步著	特價 230 元
12.	海底魔術師	（精）	江戶川亂步著	特價 230 元
13.	黃金豹	（精）	江戶川亂步著	特價 230 元
14.	魔法博士	（精）	江戶川亂步著	特價 230 元
15.	馬戲怪人	（精）	江戶川亂步著	特價 230 元
16.	魔人銅鑼	（精）	江戶川亂步著	特價 230 元
17.	魔法人偶	（精）	江戶川亂步著	特價 230 元
18.	奇面城的秘密	（精）	江戶川亂步著	特價 230 元
19.	夜光人	（精）	江戶川亂步著	特價 230 元
20.	塔上的魔術師	（精）	江戶川亂步著	特價 230 元
21.	鐵人Q	（精）	江戶川亂步著	特價 230 元
22.	假面恐怖王	（精）	江戶川亂步著	特價 230 元
23.	電人M	（精）	江戶川亂步著	特價 230 元
24.	二十面相的詛咒	（精）	江戶川亂步著	特價 230 元
25.	飛天二十面相	（精）	江戶川亂步著	特價 230 元
26.	黃金怪獸	（精）	江戶川亂步著	特價 230 元

・生 活 廣 場・品冠編號 61

1.	366 天誕生星	李芳黛譯	280 元
2.	366 天誕生花與誕生石	李芳黛譯	280 元
3.	科學命相	淺野八郎著	220 元

4. 已知的他界科學 　　　　　　　陳蒼杰譯　220 元
5. 開拓未來的他界科學 　　　　　陳蒼杰譯　220 元
6. 世紀末變態心理犯罪檔案 　　　沈永嘉譯　240 元
7. 366 天開運年鑑 　　　　　　　林廷宇編著　230 元
8. 色彩學與你 　　　　　　　　　野村順一著　230 元
9. 科學手相 　　　　　　　　　　淺野八郎著　230 元
10. 你也能成為戀愛高手 　　　　　柯富陽編著　220 元
11. 血型與十二星座 　　　　　　　許淑瑛編著　230 元
12. 動物測驗—人性現形 　　　　　淺野八郎著　200 元
13. 愛情、幸福完全自測 　　　　　淺野八郎著　200 元
14. 輕鬆攻佔女性 　　　　　　　　趙奕世編著　230 元
15. 解讀命運密碼 　　　　　　　　郭宗德著　200 元
16. 由客家了解亞洲 　　　　　　　高木桂藏著　220 元

・女醫師系列・品冠編號 62

1. 子宮內膜症 　　　　　　　　　國府田清子著　200 元
2. 子宮肌瘤 　　　　　　　　　　黑島淳子著　200 元
3. 上班女性的壓力症候群 　　　　池下育子著　200 元
4. 漏尿、尿失禁 　　　　　　　　中田真木著　200 元
5. 高齡生產 　　　　　　　　　　大鷹美子著　200 元
6. 子宮癌 　　　　　　　　　　　上坊敏子著　200 元
7. 避孕 　　　　　　　　　　　　早乙女智子著　200 元
8. 不孕症 　　　　　　　　　　　中村春根著　200 元
9. 生理痛與生理不順 　　　　　　堀口雅子著　200 元
10. 更年期 　　　　　　　　　　　野末悅子著　200 元

・傳統民俗療法・品冠編號 63

1. 神奇刀療法 　　　　　　　　　潘文雄著　200 元
2. 神奇拍打療法 　　　　　　　　安在峰著　200 元
3. 神奇拔罐療法 　　　　　　　　安在峰著　200 元
4. 神奇艾灸療法 　　　　　　　　安在峰著　200 元
5. 神奇貼敷療法 　　　　　　　　安在峰著　200 元
6. 神奇薰洗療法 　　　　　　　　安在峰著　200 元
7. 神奇耳穴療法 　　　　　　　　安在峰著　200 元
8. 神奇指針療法 　　　　　　　　安在峰著　200 元
9. 神奇藥酒療法 　　　　　　　　安在峰著　200 元
10. 神奇藥茶療法 　　　　　　　　安在峰著　200 元
11. 神奇推拿療法 　　　　　　　　張貴荷著　200 元
12. 神奇止痛療法 　　　　　　　　漆浩著　200 元

・常見病藥膳調養叢書・品冠編號 631

1.	脂肪肝四季飲食	蕭守貴著	200 元
2.	高血壓四季飲食	秦玖剛著	200 元
3.	慢性腎炎四季飲食	魏從強著	200 元
4.	高脂血症四季飲食	薛輝著	200 元
5.	慢性胃炎四季飲食	馬秉祥著	200 元
6.	糖尿病四季飲食	王耀獻著	200 元
7.	癌症四季飲食	李忠著	200 元

·彩色圖解保健· 品冠編號 64

1.	瘦身	主婦之友社	300 元
2.	腰痛	主婦之友社	300 元
3.	肩膀痠痛	主婦之友社	300 元
4.	腰、膝、腳的疼痛	主婦之友社	300 元
5.	壓力、精神疲勞	主婦之友社	300 元
6.	眼睛疲勞、視力減退	主婦之友社	300 元

·心 想 事 成· 品冠編號 65

1.	魔法愛情點心	結城莫拉著	120 元
2.	可愛手工飾品	結城莫拉著	120 元
3.	可愛打扮 & 髮型	結城莫拉著	120 元
4.	撲克牌算命	結城莫拉著	120 元

·熱 門 新 知· 品冠編號 67

1.	圖解基因與 DNA	（精）	中原英臣 主編	230 元
2.	圖解人體的神奇	（精）	米山公啟 主編	230 元
3.	圖解腦與心的構造	（精）	永田和哉 主編	230 元
4.	圖解科學的神奇	（精）	鳥海光弘 主編	230 元
5.	圖解數學的神奇	（精）	柳谷晃 著	250 元
6.	圖解基因操作	（精）	海老原充 主編	230 元
7.	圖解後基因組	（精）	才園哲人 著	230 元

·法律專欄連載· 大展編號 58

台大法學院　　　　法律學系／策劃
　　　　　　　　　　法律服務社／編著

1.	別讓您的權利睡著了 (1)	200 元
2.	別讓您的權利睡著了 (2)	200 元

·武 術 特 輯· 大展編號 10

1.	陳式太極拳入門	馮志強編著	180 元

2.	武式太極拳	郝少如編著	200 元
3.	練功十八法入門	蕭京凌編著	120 元
4.	教門長拳	蕭京凌編著	150 元
5.	跆拳道	蕭京凌編譯	180 元
6.	正傳合氣道	程曉鈴譯	200 元
7.	圖解雙節棍	陳銘遠著	150 元
8.	格鬥空手道	鄭旭旭編著	200 元
9.	實用跆拳道	陳國榮編著	200 元
10.	武術初學指南	李文英、解守德編著	250 元
11.	泰國拳	陳國榮著	180 元
12.	中國式摔跤	黃 斌編著	180 元
13.	太極劍入門	李德印編著	180 元
14.	太極拳運動	運動司編	250 元
15.	太極拳譜	清·王宗岳等著	280 元
16.	散手初學	冷 峰編著	200 元
17.	南拳	朱瑞琪編著	180 元
18.	吳式太極劍	王培生著	200 元
19.	太極拳健身與技擊	王培生著	250 元
20.	秘傳武當八卦掌	狄兆龍著	250 元
21.	太極拳論譚	沈 壽著	250 元
22.	陳式太極拳技擊法	馬 虹著	250 元
23.	三十四式太極劍	闞桂香著	180 元
24.	楊式秘傳 129 式太極長拳	張楚全著	280 元
25.	楊式太極拳架詳解	林炳堯著	280 元
26.	華佗五禽劍	劉時榮著	180 元
27.	太極拳基礎講座:基本功與簡化 24 式	李德印著	250 元
28.	武式太極拳精華	薛乃印著	200 元
29.	陳式太極拳拳理闡微	馬 虹著	350 元
30.	陳式太極拳體用全書	馬 虹著	400 元
31.	張三豐太極拳	陳占奎著	200 元
32.	中國太極推手	張 山主編	300 元
33.	48 式太極拳入門	門惠豐編著	220 元
34.	太極拳奇人奇功	嚴翰秀編著	250 元
35.	心意門秘籍	李新民編著	220 元
36.	三才門乾坤戊己功	王培生編著	220 元
37.	武式太極劍精華 +VCD	薛乃印編著	350 元
38.	楊式太極拳	傅鐘文演述	200 元
39.	陳式太極拳、劍 36 式	闞桂香編著	250 元
40.	正宗武式太極拳	薛乃印著	220 元
41.	杜元化＜太極拳正宗＞考析	王海洲等著	300 元
42.	＜珍貴版＞陳式太極拳	沈家楨著	280 元
43.	24 式太極拳＋VCD	中國國家體育總局著	350 元
44.	太極推手絕技	安在峰編著	250 元
45.	孫祿堂武學錄	孫祿堂著	300 元

46. <珍貴本>陳式太極拳精選　　　　馮志強著　280 元
47. 武當趙保太極拳小架　　　　　　鄭悟清傳授　250 元
48. 太極拳習練知識問答　　　　　　邱丕相主編　220 元
49. 八法拳 八法槍　　　　　　　　武世俊著　220 元
50. 地趟拳＋VCD　　　　　　　　張憲政著　350 元
51. 四十八式太極拳＋VCD　　　　楊　靜演示　400 元
52. 三十二式太極劍＋VCD　　　　楊　靜演示　350 元
53. 隨曲就伸 中國太極拳名家對話錄　余功保著　300 元
54. 陳式太極拳五動八法十三勢　　　闞桂香著　200 元

・彩色圖解太極武術・ 大展編號 102

1. 太極功夫扇　　　　　　　　　李德印編著　220 元
2. 武當太極劍　　　　　　　　　李德印編著　220 元
3. 楊式太極劍　　　　　　　　　李德印編著　220 元
4. 楊式太極刀　　　　　　　　　王志遠著　220 元
5. 二十四式太極拳(楊式)＋VCD　李德印編著　350 元
6. 三十二式太極劍(楊式)＋VCD　李德印編著　350 元
7. 四十二式太極劍＋VCD　　　　李德印編著
8. 四十二式太極拳＋VCD　　　　李德印編著

・國際武術競賽套路・ 大展編號 103

1. 長拳　　　　　　　　　　　　李巧玲執筆　220 元
2. 劍術　　　　　　　　　　　　程慧琨執筆　220 元
3. 刀術　　　　　　　　　　　　劉同為執筆　220 元
4. 槍術　　　　　　　　　　　　張躍寧執筆　220 元
5. 棍術　　　　　　　　　　　　殷玉柱執筆　220 元

・簡化太極拳・ 大展編號 104

1. 陳式太極拳十三式　　　　　　陳正雷編著　200 元
2. 楊式太極拳十三式　　　　　　楊振鐸編著　200 元
3. 吳式太極拳十三式　　　　　　李秉慈編著　200 元
4. 武式太極拳十三式　　　　　　喬松茂編著　200 元
5. 孫式太極拳十三式　　　　　　孫劍雲編著　200 元
6. 趙堡式太極拳十三式　　　　　王海洲編著　200 元

・中國當代太極拳名家名著・ 大展編號 106

1. 太極拳規範教程　　　　　　　李德印著　550 元
2. 吳式太極拳詮真　　　　　　　王培生著　500 元
3. 武式太極拳詮真　　　　　　　喬松茂著

·名師出高徒· 大展編號 111

1.	武術基本功與基本動作	劉玉萍編著	200 元
2.	長拳入門與精進	吳彬等著	220 元
3.	劍術刀術入門與精進	楊柏龍等著	220 元
4.	棍術、槍術入門與精進	邱丕相編著	220 元
5.	南拳入門與精進	朱瑞琪編著	220 元
6.	散手入門與精進	張山等著	220 元
7.	太極拳入門與精進	李德印編著	280 元
8.	太極推手入門與精進	田金龍編著	220 元

·實用武術技擊· 大展編號 112

1.	實用自衛拳法	溫佐惠著	250 元
2.	搏擊術精選	陳清山等著	220 元
3.	秘傳防身絕技	程崑彬著	230 元
4.	振藩截拳道入門	陳琦平著	220 元
5.	實用擒拿法	韓建中著	220 元
6.	擒拿反擒拿 88 法	韓建中著	250 元
7.	武當秘門技擊術入門篇	高翔著	250 元
8.	武當秘門技擊術絕技篇	高翔著	250 元

·中國武術規定套路· 大展編號 113

1.	螳螂拳	中國武術系列	300 元
2.	劈掛拳	規定套路編寫組	300 元
3.	八極拳	國家體育總局	250 元

·中華傳統武術· 大展編號 114

1.	中華古今兵械圖考	裴錫榮主編	280 元
2.	武當劍	陳湘陵編著	200 元
3.	梁派八卦掌（老八掌）	李子鳴遺著	220 元
4.	少林 72 藝與武當 36 功	裴錫榮主編	230 元
5.	三十六把擒拿	佐藤金兵衛主編	200 元
6.	武當太極拳與盤手 20 法	裴錫榮主編	220 元

·少 林 功 夫· 大展編號 115

1.	少林打擂秘訣	德虔、素法編著	300 元
2.	少林三大名拳 炮拳、大洪拳、六合拳	門惠豐等著	200 元
3.	少林三絕 氣功、點穴、擒拿	德虔編著	300 元
4.	少林怪兵器秘傳	素法等著	250 元
5.	少林護身暗器秘傳	素法等著	220 元

6.	少林金剛硬氣功	楊維編著	250元
7.	少林棍法大全	德虔、素法編著	250元
8.	少林看家拳	德虔、素法編著	250.元
9.	少林正宗七十二藝	德虔、素法編著	280元
10.	少林瘋魔棍闡宗	馬德著	250元

·原地太極拳系列·大展編號11

1.	原地綜合太極拳24式	胡啟賢創編	220元
2.	原地活步太極拳42式	胡啟賢創編	200元
3.	原地簡化太極拳24式	胡啟賢創編	200元
4.	原地太極拳12式	胡啟賢創編	200元
5.	原地青少年太極拳22式	胡啟賢創編	220元

·道學文化·大展編號12

1.	道在養生：道教長壽術	郝勤等著	250元
2.	龍虎丹道：道教內丹術	郝勤著	300元
3.	天上人間：道教神仙譜系	黃德海著	250元
4.	步罡踏斗：道教祭禮儀典	張澤洪著	250元
5.	道醫窺秘：道教醫學康復術	王慶餘等著	250元
6.	勸善成仙：道教生命倫理	李剛著	250元
7.	洞天福地：道教宮觀勝境	沙銘壽著	250元
8.	青詞碧簫：道教文學藝術	楊光文等著	250元
9.	沈博絕麗：道教格言精粹	朱耕發等著	250元

·易學智慧·大展編號122

1.	易學與管理	余敦康主編	250元
2.	易學與養生	劉長林等著	300元
3.	易學與美學	劉綱紀等著	300元
4.	易學與科技	董光壁著	280元
5.	易學與建築	韓增祿著	280元
6.	易學源流	鄭萬耕著	280元
7.	易學的思維	傅雲龍等著	250元
8.	周易與易圖	李申著	250元
9.	中國佛教與周易	王仲堯著	350元
10.	易學與儒學	任俊華著	350元
11.	易學與道教符號揭秘	詹石窗著	350元

·神算大師·大展編號123

| 1. | 劉伯溫神算兵法 | 應涵編著 | 280元 |
| 2. | 姜太公神算兵法 | 應涵編著 | 280元 |

7

| 3. | 鬼谷子神算兵法 | 應涵編著 | 280 元 |
| 4. | 諸葛亮神算兵法 | 應涵編著 | 280 元 |

·秘傳占卜系列· 大展編號 14

1.	手相術	淺野八郎著	180 元
2.	人相術	淺野八郎著	180 元
3.	西洋占星術	淺野八郎著	180 元
4.	中國神奇占卜	淺野八郎著	150 元
5.	夢判斷	淺野八郎著	150 元
6.	前世、來世占卜	淺野八郎著	150 元
7.	法國式血型學	淺野八郎著	150 元
8.	靈感、符咒學	淺野八郎著	150 元
9.	紙牌占卜術	淺野八郎著	150 元
10.	ESP 超能力占卜	淺野八郎著	150 元
11.	猶太數的秘術	淺野八郎著	150 元
12.	新心理測驗	淺野八郎著	160 元
13.	塔羅牌預言秘法	淺野八郎著	200 元

·趣味心理講座· 大展編號 15

1.	性格測驗（1）探索男與女	淺野八郎著	140 元
2.	性格測驗（2）透視人心奧秘	淺野八郎著	140 元
3.	性格測驗（3）發現陌生的自己	淺野八郎著	140 元
4.	性格測驗（4）發現你的真面目	淺野八郎著	140 元
5.	性格測驗（5）讓你們吃驚	淺野八郎著	140 元
6.	性格測驗（6）洞穿心理盲點	淺野八郎著	140 元
7.	性格測驗（7）探索對方心理	淺野八郎著	140 元
8.	性格測驗（8）由吃認識自己	淺野八郎著	160 元
9.	性格測驗（9）戀愛知多少	淺野八郎著	160 元
10.	性格測驗（10）由裝扮瞭解人心	淺野八郎著	160 元
11.	性格測驗（11）敲開內心玄機	淺野八郎著	140 元
12.	性格測驗（12）透視你的未來	淺野八郎著	160 元
13.	血型與你的一生	淺野八郎著	160 元
14.	趣味推理遊戲	淺野八郎著	160 元
15.	行為語言解析	淺野八郎著	160 元

·婦幼天地· 大展編號 16

1.	八萬人減肥成果	黃靜香譯	180 元
2.	三分鐘減肥體操	楊鴻儒譯	150 元
3.	窈窕淑女美髮秘訣	柯素娥譯	130 元
4.	使妳更迷人	成 玉譯	130 元
5.	女性的更年期	官舒妍編譯	160 元

6.	胎內育兒法	李玉瓊編譯	150元
7.	早產兒袋鼠式護理	唐岱蘭譯	200元
9.	初次育兒12個月	婦幼天地編譯組	180元
10.	斷乳食與幼兒食	婦幼天地編譯組	180元
11.	培養幼兒能力與性向	婦幼天地編譯組	180元
12.	培養幼兒創造力的玩具與遊戲	婦幼天地編譯組	180元
13.	幼兒的症狀與疾病	婦幼天地編譯組	180元
14.	腿部苗條健美法	婦幼天地編譯組	180元
15.	女性腰痛別忽視	婦幼天地編譯組	150元
16.	舒展身心體操術	李玉瓊編譯	130元
17.	三分鐘臉部體操	趙薇妮著	160元
18.	生動的笑容表情術	趙薇妮著	160元
19.	心曠神怡減肥法	川津祐介著	130元
20.	內衣使妳更美麗	陳玄茹譯	130元
21.	瑜伽美姿美容	黃靜香編著	180元
22.	高雅女性裝扮學	陳珮玲譯	180元
23.	蠶糞肌膚美顏法	梨秀子著	160元
24.	認識妳的身體	李玉瓊譯	160元
25.	產後恢復苗條體態	居理安・芙萊喬著	200元
26.	正確護髮美容法	山崎伊久江著	180元
27.	安琪拉美姿養生學	安琪拉蘭斯博瑞著	180元
28.	女體性醫學剖析	增田豐著	220元
29.	懷孕與生產剖析	岡部綾子著	180元
30.	斷奶後的健康育兒	東城百合子著	220元
31.	引出孩子幹勁的責罵藝術	多湖輝著	170元
32.	培養孩子獨立的藝術	多湖輝著	170元
33.	子宮肌瘤與卵巢囊腫	陳秀琳編著	180元
34.	下半身減肥法	納他夏・史達賓著	180元
35.	女性自然美容法	吳雅菁編著	180元
36.	再也不發胖	池園悅太郎著	170元
37.	生男生女控制術	中垣勝裕著	220元
38.	使妳的肌膚更亮麗	楊 皓編著	170元
39.	臉部輪廓變美	芝崎義夫著	180元
40.	斑點、皺紋自己治療	高須克彌著	180元
41.	面皰自己治療	伊藤雄康著	180元
42.	隨心所欲瘦身冥想法	原久子著	180元
43.	胎兒革命	鈴木丈織著	180元
44.	NS磁氣平衡法塑造窈窕奇蹟	古屋和江著	180元
45.	享瘦從腳開始	山田陽子著	180元
46.	小改變瘦4公斤	宮本裕子著	180元
47.	軟管減肥瘦身	高橋輝男著	180元
48.	海藻精神秘美容法	劉名揚編著	180元
49.	肌膚保養與脫毛	鈴木真理著	180元
50.	10天減肥3公斤	彤雲編輯組	180元

51. 穿出自己的品味　　　　　西村玲子著　280元
52. 小孩髮型設計　　　　　　李芳黛譯　250元

·青春天地· 大展編號 17

1.	A血型與星座	柯素娥編譯	160元
2.	B血型與星座	柯素娥編譯	160元
3.	O血型與星座	柯素娥編譯	160元
4.	AB血型與星座	柯素娥編譯	120元
5.	青春期性教室	呂貴嵐編譯	130元
9.	小論文寫作秘訣	林顯茂編譯	120元
11.	中學生野外遊戲	熊谷康編著	120元
12.	恐怖極短篇	柯素娥編譯	130元
13.	恐怖夜話	小毛驢編譯	130元
14.	恐怖幽默短篇	小毛驢編譯	120元
15.	黑色幽默短篇	小毛驢編譯	120元
16.	靈異怪談	小毛驢編譯	130元
17.	錯覺遊戲	小毛驢編著	130元
18.	整人遊戲	小毛驢編著	150元
19.	有趣的超常識	柯素娥編譯	130元
20.	哦!原來如此	林慶旺編譯	130元
21.	趣味競賽100種	劉名揚編譯	120元
22.	數學謎題入門	宋釗宜編譯	150元
23.	數學謎題解析	宋釗宜編譯	150元
24.	透視男女心理	林慶旺編譯	120元
25.	少女情懷的自白	李桂蘭編譯	120元
26.	由兄弟姊妹看命運	李玉瓊編譯	130元
27.	趣味的科學魔術	林慶旺編譯	150元
28.	趣味的心理實驗室	李燕玲編譯	150元
29.	愛與性心理測驗	小毛驢編譯	130元
30.	刑案推理解謎	小毛驢編譯	180元
31.	偵探常識推理	小毛驢編譯	180元
32.	偵探常識解謎	小毛驢編譯	130元
33.	偵探推理遊戲	小毛驢編譯	180元
34.	趣味的超魔術	廖玉山編著	150元
35.	趣味的珍奇發明	柯素娥編著	150元
36.	登山用具與技巧	陳瑞菊編著	150元
37.	性的漫談	蘇燕謀編著	180元
38.	無的漫談	蘇燕謀編著	180元
39.	黑色漫談	蘇燕謀編著	180元
40.	白色漫談	蘇燕謀編著	180元

·健康天地· 大展編號 18

1.	壓力的預防與治療	柯素娥編譯	130 元
2.	超科學氣的魔力	柯素娥編譯	130 元
3.	尿療法治病的神奇	中尾良一著	130 元
4.	鐵證如山的尿療法奇蹟	廖玉山譯	120 元
5.	一日斷食健康法	葉慈容編譯	150 元
6.	胃部強健法	陳炳崑譯	120 元
7.	癌症早期檢查法	廖松濤譯	160 元
8.	老人痴呆症防止法	柯素娥編譯	170 元
9.	松葉汁健康飲料	陳麗芬編譯	150 元
10.	揉肚臍健康法	永井秋夫著	150 元
11.	過勞死、猝死的預防	卓秀貞編譯	130 元
12.	高血壓治療與飲食	藤山順豐著	180 元
13.	老人看護指南	柯素娥編譯	150 元
14.	美容外科淺談	楊啟宏著	150 元
15.	美容外科新境界	楊啟宏著	150 元
16.	鹽是天然的醫生	西英司郎著	140 元
17.	年輕十歲不是夢	梁瑞麟譯	200 元
18.	茶料理治百病	桑野和民著	180 元
20.	杜仲茶養顏減肥法	西田博著	170 元
21.	蜂膠驚人療效	瀨長良三郎著	180 元
22.	蜂膠治百病	瀨長良三郎著	180 元
23.	醫藥與生活	鄭炳全著	180 元
24.	鈣長生寶典	落合敏著	180 元
25.	大蒜長生寶典	木下繁太郎著	160 元
26.	居家自我健康檢查	石川恭三著	160 元
27.	永恆的健康人生	李秀鈴譯	200 元
28.	大豆卵磷脂長生寶典	劉雪卿譯	150 元
29.	芳香療法	梁艾琳譯	160 元
30.	醋長生寶典	柯素娥譯	180 元
31.	從星座透視健康	席拉·吉蒂斯著	180 元
32.	愉悅自在保健學	野本二士夫著	160 元
33.	裸睡健康法	丸山淳士等著	160 元
35.	維他命長生寶典	菅原明子著	180 元
36.	維他命 C 新效果	鐘文訓編	150 元
37.	手、腳病理按摩	堤芳朗著	160 元
38.	AIDS 瞭解與預防	彼得塔歇爾著	180 元
39.	甲殼質殼聚糖健康法	沈永嘉譯	160 元
40.	神經痛預防與治療	木下真男著	160 元
41.	室內身體鍛鍊法	陳炳崑編著	160 元
42.	吃出健康藥膳	劉大器編著	180 元
43.	自我指壓術	蘇燕謀編著	160 元
44.	紅蘿蔔汁斷食療法	李玉瓊編著	150 元
45.	洗心術健康秘法	竺翠萍編譯	170 元
46.	枇杷葉健康療法	柯素娥編譯	180 元

47. 抗衰血癒　　　　　　　　　楊啟宏著　180元
48. 與癌搏鬥記　　　　　　　　逸見政孝著　180元
49. 冬蟲夏草長生寶典　　　　　高橋義博著　170元
50. 痔瘡・大腸疾病先端療法　　宮島伸宜著　180元
51. 膠布治癒頑固慢性病　　　　加瀬建造著　180元
52. 芝麻神奇健康法　　　　　　小林貞作著　170元
53. 香煙能防止癡呆？　　　　　高田明和著　180元
54. 穀菜食治癌療法　　　　　　佐藤成志著　180元
55. 貼藥健康法　　　　　　　　松原英多著　180元
56. 克服癌症調和道呼吸法　　　帶津良一著　180元
57. B型肝炎預防與治療　　　　野村喜重郎著　180元
58. 青春永駐養生導引術　　　　早島正雄著　180元
59. 改變呼吸法創造健康　　　　原久子著　180元
60. 荷爾蒙平衡養生秘訣　　　　出村博著　180元
61. 水美肌健康法　　　　　　　井戶勝富著　170元
62. 認識食物掌握健康　　　　　廖梅珠編著　170元
63. 痛風劇痛消除法　　　　　　鈴木吉彥著　180元
64. 酸莖菌驚人療效　　　　　　上田明彥著　180元
65. 大豆卵磷脂治現代病　　　　神津健一著　200元
66. 時辰療法──危險時刻凌晨4時　呂建強等著　180元
67. 自然治癒力提升法　　　　　帶津良一著　180元
68. 巧妙的氣保健法　　　　　　藤平墨子著　180元
69. 治癒C型肝炎　　　　　　　熊田博光著　180元
70. 肝臟病預防與治療　　　　　劉名揚編著　180元
71. 腰痛平衡療法　　　　　　　荒井政信著　180元
72. 根治多汗症、狐臭　　　　　稻葉益巳著　220元
73. 40歲以後的骨質疏鬆症　　　沈永嘉譯　180元
74. 認識中藥　　　　　　　　　松下一成著　180元
75. 認識氣的科學　　　　　　　佐佐木茂美著　180元
76. 我戰勝了癌症　　　　　　　安田伸著　180元
77. 斑點是身心的危險信號　　　中野進著　180元
78. 艾波拉病毒大震撼　　　　　玉川重德著　180元
79. 重新還我黑髮　　　　　　　桑名隆一郎著　180元
80. 身體節律與健康　　　　　　林博史著　180元
81. 生薑治萬病　　　　　　　　石原結實著　180元
83. 木炭驚人的威力　　　　　　大槻彰著　200元
84. 認識活性氧　　　　　　　　井土貴司著　180元
85. 深海鮫治百病　　　　　　　廖玉山編著　180元
86. 神奇的蜂王乳　　　　　　　井上丹治著　180元
87. 卡拉OK健腦法　　　　　　東潔著　180元
88. 卡拉OK健康法　　　　　　福田伴男著　180元
89. 醫藥與生活　　　　　　　　鄭炳全著　200元
90. 洋蔥治百病　　　　　　　　宮尾興平著　180元
91. 年輕10歲快步健康法　　　　石塚忠雄著　180元

92.	石榴的驚人神效	岡本順子著	180元
93.	飲料健康法	白鳥早奈英著	180元
94.	健康棒體操	劉名揚編譯	180元
95.	催眠健康法	蕭京凌編著	180元
96.	鬱金（美王）治百病	水野修一著	180元
97.	醫藥與生活	鄭炳全著	200元

·實用女性學講座· 大展編號19

1.	解讀女性內心世界	島田一男著	150元
2.	塑造成熟的女性	島田一男著	150元
3.	女性整體裝扮學	黃靜香編著	180元
4.	女性應對禮儀	黃靜香編著	180元
5.	女性婚前必修	小野十傳著	200元
6.	徹底瞭解女人	田口二州著	180元
7.	拆穿女性謊言88招	島田一男著	200元
8.	解讀女人心	島田一男著	200元
9.	俘獲女性絕招	志賀貢著	200元
10.	愛情的壓力解套	中村理英子著	200元
11.	妳是人見人愛的女孩	廖松濤編著	200元

·校園系列· 大展編號20

1.	讀書集中術	多湖輝著	180元
2.	應考的訣竅	多湖輝著	150元
3.	輕鬆讀書贏得聯考	多湖輝著	180元
4.	讀書記憶秘訣	多湖輝著	180元
5.	視力恢復！超速讀術	江錦雲譯	180元
6.	讀書36計	黃柏松編著	180元
7.	驚人的速讀術	鐘文訓編著	170元
8.	學生課業輔導良方	多湖輝著	180元
9.	超速讀超記憶法	廖松濤編著	180元
10.	速算解題技巧	宋釗宜編著	200元
11.	看圖學英文	陳炳崑編著	200元
12.	讓孩子最喜歡數學	沈永嘉譯	180元
13.	催眠記憶術	林碧清譯	180元
14.	催眠速讀術	林碧清譯	180元
15.	數學式思考學習法	劉淑錦譯	200元
16.	考試憑要領	劉孝暉著	180元
17.	事半功倍讀書法	王毅希著	200元
18.	超金榜題名術	陳蒼杰譯	200元
19.	靈活記憶術	林耀慶編著	180元
20.	數學增強要領	江修楨編著	180元
21.	使頭腦靈活的數學	逢澤明著	200元

22. 難解數學破題　　　　　　　　　　宋釗宜著　200元

・實用心理學講座・大展編號21

1.	拆穿欺騙伎倆	多湖輝著	140元
2.	創造好構想	多湖輝著	140元
3.	面對面心理術	多湖輝著	160元
4.	偽裝心理術	多湖輝著	140元
5.	透視人性弱點	多湖輝著	180元
6.	自我表現術	多湖輝著	180元
7.	不可思議的人性心理	多湖輝著	180元
8.	催眠術入門	多湖輝著	150元
9.	責罵部屬的藝術	多湖輝著	150元
10.	精神力	多湖輝著	150元
11.	厚黑說服術	多湖輝著	150元
12.	集中力	多湖輝著	150元
13.	構想力	多湖輝著	150元
14.	深層心理術	多湖輝著	160元
15.	深層語言術	多湖輝著	160元
16.	深層說服術	多湖輝著	180元
17.	掌握潛在心理	多湖輝著	160元
18.	洞悉心理陷阱	多湖輝著	180元
19.	解讀金錢心理	多湖輝著	180元
20.	拆穿語言圈套	多湖輝著	180元
21.	語言的內心玄機	多湖輝著	180元
22.	積極力	多湖輝著	180元

・超現實心靈講座・大展編號22

1.	超意識覺醒法	詹蔚芬編譯	130元
2.	護摩秘法與人生	劉名揚編譯	130元
3.	秘法！超級仙術入門	陸明譯	150元
4.	給地球人的訊息	柯素娥編著	150元
5.	密教的神通力	劉名揚編著	130元
6.	神秘奇妙的世界	平川陽一著	200元
7.	地球文明的超革命	吳秋嬌譯	200元
8.	力量石的秘密	吳秋嬌譯	180元
9.	超能力的靈異世界	馬小莉譯	200元
10.	逃離地球毀滅的命運	吳秋嬌譯	200元
11.	宇宙與地球終結之謎	南山宏著	200元
12.	驚世奇功揭秘	傅起鳳著	200元
13.	啟發身心潛力心象訓練法	栗田昌裕著	180元
14.	仙道術遁甲法	高藤聰一郎著	220元
15.	神通力的秘密	中岡俊哉著	180元

16. 仙人成仙術	高藤聰一郎著	200 元
17. 仙道符咒氣功法	高藤聰一郎著	220 元
18. 仙道風水術尋龍法	高藤聰一郎著	200 元
19. 仙道奇蹟超幻像	高藤聰一郎著	200 元
20. 仙道鍊金術房中法	高藤聰一郎著	200 元
21. 奇蹟超醫療治癒難病	深野一幸著	220 元
22. 揭開月球的神秘力量	超科學研究會	180 元
23. 西藏密教奧義	高藤聰一郎著	250 元
24. 改變你的夢術入門	高藤聰一郎著	250 元
25. 21 世紀拯救地球超技術	深野一幸著	250 元

·養 生 保 健· 大展編號 23

1. 醫療養生氣功	黃孝寬著	250 元
2. 中國氣功圖譜	余功保著	250 元
3. 少林醫療氣功精粹	井玉蘭著	250 元
4. 龍形實用氣功	吳大才等著	220 元
5. 魚戲增視強身氣功	宮 嬰著	220 元
6. 嚴新氣功	前新培金著	250 元
7. 道家玄牝氣功	張 章著	200 元
8. 仙家秘傳祛病功	李遠國著	160 元
9. 少林十大健身功	秦慶豐著	180 元
10. 中國自控氣功	張明武著	250 元
11. 醫療防癌氣功	黃孝寬著	250 元
12. 醫療強身氣功	黃孝寬著	250 元
13. 醫療點穴氣功	黃孝寬著	250 元
14. 中國八卦如意功	趙維漢著	180 元
15. 正宗馬禮堂養氣功	馬禮堂著	420 元
16. 秘傳道家筋經內丹功	王慶餘著	300 元
17. 三元開慧功	辛桂林著	250 元
18. 防癌治癌新氣功	郭 林著	180 元
19. 禪定與佛家氣功修煉	劉天君著	200 元
20. 顛倒之術	梅自強著	360 元
21. 簡明氣功辭典	吳家駿編	360 元
22. 八卦三合功	張全亮著	230 元
23. 朱砂掌健身養生功	楊永著	250 元
24. 抗老功	陳九鶴著	230 元
25. 意氣按穴排濁自療法	黃啟運編著	250 元
26. 陳式太極拳養生功	陳正雷著	200 元
27. 健身祛病小功法	王培生著	200 元
28. 張式太極混元功	張春銘著	250 元
29. 中國璇密功	羅琴編著	250 元
30. 中國少林禪密功	齊飛龍著	200 元
31. 郭林新氣功	郭林新氣功研究所	400 元

32. 太極 八卦之源與健身養生　　　鄭志鴻等著　280 元

・社會人智囊・ 大展編號 24

1.	糾紛談判術	清水增三著	160 元
2.	創造關鍵術	淺野八郎著	150 元
3.	觀人術	淺野八郎著	200 元
4.	應急詭辯術	廖英迪編著	160 元
5.	天才家學習術	木原武一著	160 元
6.	貓型狗式鑑人術	淺野八郎著	180 元
7.	逆轉運掌握術	淺野八郎著	180 元
8.	人際圓融術	澀谷昌三著	160 元
9.	解讀人心術	淺野八郎著	180 元
10.	與上司水乳交融術	秋元隆司著	180 元
11.	男女心態定律	小田晉著	180 元
12.	幽默說話術	林振輝編著	200 元
13.	人能信賴幾分	淺野八郎著	180 元
14.	我一定能成功	李玉瓊譯	180 元
15.	獻給青年的嘉言	陳蒼杰譯	180 元
16.	知人、知面、知其心	林振輝編著	180 元
17.	塑造堅強的個性	坂上肇著	180 元
18.	為自己而活	佐藤綾子著	180 元
19.	未來十年與愉快生活有約	船井幸雄著	180 元
20.	超級銷售話術	杜秀卿譯	180 元
21.	感性培育術	黃靜香編著	180 元
22.	公司新鮮人的禮儀規範	蔡媛惠譯	180 元
23.	傑出職員鍛鍊術	佐佐木正著	180 元
24.	面談獲勝戰略	李芳黛譯	180 元
25.	金玉良言撼人心	森純大著	180 元
26.	男女幽默趣典	劉華亭編著	180 元
27.	機智說話術	劉華亭編著	180 元
28.	心理諮商室	柯素娥譯	180 元
29.	如何在公司崢嶸頭角	佐佐木正著	180 元
30.	機智應對術	李玉瓊編著	200 元
31.	克服低潮良方	坂野雄二著	180 元
32.	智慧型說話技巧	沈永嘉編著	180 元
33.	記憶力、集中力增進術	廖松濤編著	180 元
34.	女職員培育術	林慶旺編著	180 元
35.	自我介紹與社交禮儀	柯素娥編著	180 元
36.	積極生活創幸福	田中真澄著	180 元
37.	妙點子超構想	多湖輝著	180 元
38.	說 NO 的技巧	廖玉山編著	180 元
39.	一流說服力	李玉瓊編著	180 元
40.	般若心經成功哲學	陳鴻蘭編著	180 元

41. 訪問推銷術　　　　　　　黃靜香編著　180元
42. 男性成功秘訣　　　　　　陳蒼杰編著　180元
43. 笑容、人際智商　　　　　宮川澄子著　180元
44. 多湖輝的構想工作室　　　　多湖輝著　200元
45. 名人名語啟示錄　　　　　　喬家楓著　180元
46. 口才必勝術　　　　　　　黃柏松編著　220元
47. 能言善道的說話秘訣　　　章智冠編著　180元
48. 改變人心成為贏家　　　　　多湖輝著　200元
49. 說服的ＩＱ　　　　　　　　沈永嘉譯　200元
50. 提升腦力超速讀術　　　　齊藤英治著　200元
51. 操控對手百戰百勝　　　　　多湖輝著　200元
52. 面試成功戰略　　　　　　柯素娥編著　200元
53. 摸透男人心　　　　　　　劉華亭編著　180元
54. 撼動人心優勢口才　　　　龔伯牧編著　180元
55. 如何使對方說 yes　　　　　程　羲編著　200元
56. 小道理・美好生活　　　　林政峰編著　180元
57. 拿破崙智慧箴言　　　　　柯素娥編著　200元
58. 解開第六感之謎　　　　　匠英一編著　200元
59. 讀心術入門　　　　　　　王嘉成編著　180元
60. 這趟人生怎麼走　　　　　李亦盛編著　200元
61. 這趟人生無限好　　　　　李亦盛編著　200元

・精 選 系 列・大展編號25

1. 毛澤東與鄧小平　　　　渡邊利夫等著　280元
2. 中國大崩裂　　　　　　江戶介雄著　180元
3. 台灣・亞洲奇蹟　　　　上村幸治著　220元
4. 7-ELEVEN高盈收策略　　國友隆一著　180元
5. 台灣獨立（新・中國日本戰爭一）　森詠著　200元
6. 迷失中國的末路　　　　江戶雄介著　220元
7. 2000年5月全世界毀滅　　紫藤甲子男著　180元
8. 失去鄧小平的中國　　　小島朋之著　220元
9. 世界史爭議性異人傳　　桐生操著　200元
10. 淨化心靈享人生　　　松濤弘道著　220元
11. 人生心情診斷　　　　賴藤和寬著　220元
12. 中美大決戰　　　　　檜山良昭著　220元
13. 黃昏帝國美國　　　　莊雯琳譯　220元
14. 兩岸衝突（新・中國日本戰爭二）　森詠著　220元
15. 封鎖台灣（新・中國日本戰爭三）　森詠著　220元
16. 中國分裂（新・中國日本戰爭四）　森詠著　220元
17. 由女變男的我　　　　虎井正衛著　200元
18. 佛學的安心立命　　　松濤弘道著　220元
19. 世界喪禮大觀　　　　松濤弘道著　280元
20. 中國內戰（新・中國日本戰爭五）　森詠著　220元

21. 台灣內亂（新・中國日本戰爭六）　森詠著　220元
22. 琉球戰爭①（新・中國日本戰爭七）　森詠著　220元
23. 琉球戰爭②（新・中國日本戰爭八）　森詠著　220元
24. 台海戰爭（新・中國日本戰爭九）　　森詠著　220元
25. 美中開戰（新・中國日本戰爭十）　　森詠著　220元
26. 東海戰爭①（新・中國日本戰爭十一）森詠著　220元
27. 東海戰爭②（新・中國日本戰爭十二）森詠著　220元

・運　動　遊　戲・大展編號26

1. 雙人運動　　　　　　　　　　　李玉瓊譯　160元
2. 愉快的跳繩運動　　　　　　　　廖玉山譯　180元
3. 運動會項目精選　　　　　　　　王佑京譯　150元
4. 肋木運動　　　　　　　　　　　廖玉山譯　150元
5. 測力運動　　　　　　　　　　　王佑宗譯　150元
6. 游泳入門　　　　　　　　　　　唐桂萍編著　200元
7. 帆板衝浪　　　　　　　　　　　王勝利譯　300元
8. 蛙泳七日通　　　　　　　　　　溫仲華編著　180元
9. 中老年人游泳指導　　　　　　　溫仲華著　180元
10. 爬泳(自由式)技術與練習　　　　吳河海著　180元
11. 仰泳技術與練習　　　　　　　　吳河海著　180元
12. 蝶泳技術與練習　　　　　　　　吳河海著　180元
20. 乒乓球發球與接發球　　　　　　張良西著　200元
21. 乒乓球雙打　　　　　　　　　　李浩松著　180元
22. 乒乓球削球　　　　　　　　　　王蒲主編　220元
23. 乒乓球打法與戰術　　　　　　　岳海鵬編著　220元
24. 乒乓球步法的技巧　　　　　　　張博著　220元

・休　閒　娛　樂・大展編號27

1. 海水魚飼養法　　　　　　　　　田中智浩著　300元
2. 金魚飼養法　　　　　　　　　　曾雪玫譯　250元
3. 熱門海水魚　　　　　　　　　　毛利匡明著　480元
4. 愛犬的教養與訓練　　　　　　　池田好雄著　250元
5. 狗教養與疾病　　　　　　　　　杉浦哲著　220元
6. 小動物養育技巧　　　　　　　　三上昇著　300元
7. 水草選擇、培育、消遣　　　　　安齊裕司著　300元
8. 四季釣魚法　　　　　　　　　　釣朋會著　200元
9. 簡易釣魚入門　　　　　　　　　張果馨譯　200元
10. 防波堤釣入門　　　　　　　　　張果馨譯　220元
11. 透析愛犬習性　　　　　　　　　沈永嘉譯　200元
20. 園藝植物管理　　　　　　　　　船越亮二著　220元
21. 實用家庭菜園DIY　　　　　　　孔翔儀著　200元
22. 住宅修補DIY　　　　　　　　　吉田徹著　200元

18

國家圖書館出版品預行編目資料

三十二式太極劍＋VCD／北京人民體育出版社編著　楊靜　演示
——初版，——臺北市，大展，2003〔民92〕
面；21公分，——（武術特輯；52）
ISBN 957-468-257-9（平裝附影音光碟）

1.劍術
528.975　　　　　　　　　　　　　92015803

北京人民體育出版社授權中文繁體字版

三十二式太極劍＋VCD　　ISBN 957-468-257-9

編 著 者／北京人民體育出版社
演　示／楊　靜
責任編輯／趙 新 華
發 行 人／蔡 森 明
出 版 者／大展出版社有限公司
社　址／台北市北投區（石牌）致遠一路2段12巷1號
電　話／（02）28236031・28236033・28233123
傳　眞／（02）28272069
郵政劃撥／01669551
網　址／www.dah-jaan.com.tw
E–mail／dah_jaan@pchome.com.tw
登 記 證／局版臺業字第2171號
承 印 者／國順文具印刷行
裝　訂／協億印製廠股份有限公司
排 版 者／弘益電腦排版有限公司
初版1刷／2003年（民92年）12月

定　價／300元